입보리행론 필사집

일러두기

소리 내어 읽어 보기를 권합니다.
달라이 라마께서 법회에서 직접 독송하기를 권유하신 대목입니다.

샨띠데바 지음
청전 스님 옮김

마음에 새기는
보살의 길

입보리행론 필사집

담앤북스

들어가며

　　2003년 겨울, 뜻깊게도 달라이 라마께서 한국인을 위한 법회를 결정하셨는데 그 자리에서 법회의 교재로 선택된 경전은 다름 아닌 『입보리행론』이었습니다. 저는 곧바로 이 귀한 논서를 한국어로 번역해야 할 의미와 책임을 깊이 느꼈습니다. 짧은 시간 안에 준비해야 하는 어려움이 있었지만, 많은 분의 따뜻한 마음과 도움 덕분에 무사히 번역을 마칠 수 있었습니다. 이후 한국인을 위한 첫 달라이 라마 법회도 성공적으로 이루어졌습니다. 달라이 라마께서는 3년에 걸쳐 『샨띠데바의 입보리행론』(이하 『입보리행론』)을 바탕으로 깊고 넓은 가르침을 이어 가셨습니다.

　　특별히 기억에 남는 순간이 있습니다. 2004년, 달라이 라마께서 한국의 목탁을 손에 들고 우리 모두에게 『입보리행론』의 구절을 소리 내어 읽어 나가도록 권하셨습니다. 우리는 말로 다 할 수 없는 깊은 울림을 느꼈고, 감동 속에 독송을 마쳤습니다. 『입보리행론』의 구절들을 소리 내어 읽다 보면 예불과 찬탄, 발원과 참회의 마음이 자연스럽게 스며듭니다.

『입보리행론』의 방대한 가르침 중에서도 특히 2장과 3장 22절 게송까지는 보리심을 일으키고 죄업을 참회하는 데 있어 더없이 중요한 핵심 구절로 손꼽힙니다. 이 소중한 가르침을 깊이 곱씹고 마음에 새기며 이를 삶에서 실천하는 과정에서 진정한 기쁨을 발견하시리라 믿습니다.

『입보리행론 필사집』은 그 감동적인 구절을 필사함으로써 소중한 가르침을 더욱 마음에 담을 수 있도록 구성하였습니다. 이 책이 여러분의 삶에 조용하지만 깊은 울림을 전하고 작은 위로와 용기가 되기를 진심으로 바랍니다.

비구 **청전** 두손 모음

목차

4 　들어가며

7 　청전 스님이
　　권하는 사경법

8 　『입보리행론』은
　　어떤 경전인가?

10 　『입보리행론』 제2장
　　죄업참회품(1~65절)

142 　『입보리행론』 제3장
　　보리심 전지품(1~22절)

청전 스님이 권하는 사경법

불교에서 필사는 사경이라는 이름으로
부처님 가르침을 체화하는 오랜 수행법입니다.
사경은 정해진 방식이 있는 수행이 아닙니다.
자신의 마음이 가는 대로,
조용히 펜을 들고 따라 쓰는 것만으로도 충분합니다.
다만, 제가 평소에 즐겨하는 사경법을
여러분과 나누고자 합니다.

사경을 시작하기 전,
잠시 마음을 가라앉히며 호흡을 고르세요.

하루에 한 절,
또는 마음이 끌리는 구절을 골라 써 보세요.

조용한 공간에서 소리 내어 읽고,
그 여운을 따라 손으로 써 내려가 보세요.

삶이 흔들릴 때,
다시 이 책을 꺼내어 읽고 쓰며 마음을 돌아보세요.

『입보리행론』은 어떤 경전인가?

　『입보리행론』은 8세기 인도 나란다 사원의 승려 샨띠데바께서 지으신 불교 논서로, 달라이 라마께서 평생 깊이 아끼며 설법하신 대표적인 수행서입니다. 깨달음의 길을 걷고자 하는 분들께 연민과 자비, 그리고 실천의 중요성을 일깨워 드립니다.

　샨띠데바께서는 자신의 내면과 대화하듯 마음속 부정적인 감정과 마주하며 그것을 극복하는 과정을 게송에 담으셨습니다. 따라서 『입보리행론』은 단순한 학문적 연구의 대상이 아니라, 일상에서 실천하며 마음을 닦는 데 참된 의미가 있습니다.

　달라이 라마께서는 타인의 고통을 외면하지 않고, 모든 중생의 평안을 위해 먼저 자신의 마음을 닦는 보살의 길을 강조하십니다. 때로는 아름답고 지혜로운 구절에 감동하여 눈물을 흘리기도 하셨습니다.

현존하는 불교문학 중 최고라는 이야기를 들을 정도로 아름다운 시문으로 구성된 『입보리행론』은 티베트 불교 모든 종파에서 존중하는 수행서로 수많은 스승께서 주석을 남기신 논서입니다. 책의 첫머리에서 부처님과 보살님들께 귀의하며 시작하고, 각 장마다 자비와 깨달음의 서원을 새기게 됩니다.

　자비로운 마음과 올바른 삶의 방향을 제시하는 소중한 안내서인 『입보리행론』을 필사하면서 내면을 돌아보시고, 일상에서 연민과 실천을 함께해 나가는 시간이 되길 바랍니다.

"참회 없이는 새출발도 없습니다."
『입보리행론』 제2장 죄업참회품은 수행자가 깨달음을 향해 나아가기 위해
먼저 자신의 죄업을 참회해야 한다는 메시지로 시작합니다.
이 품에서는 우주적인 스케일의 공양을 올리며 삼보에 귀의하고,
과거와 현재에 지은 허물을 깊이 돌아보고 참회합니다.
삶의 무상함, 죽음의 불가피함을 명징하게 통찰하며
"다시는 다른 죄악을 짓지 않겠습니다."라는 서원을 통해
마음의 방향을 선으로 전환하는 수행의 첫걸음을 담고 있습니다.

제2장 죄업참회품

죄업참회품
01

보배로운 이 마음을 간직하고자

모든 여래와 정법과

티 없는 삼보와 불보살의

공덕의 바다에 지성으로 공양 올립니다.

죄업참회품
02

존재하는 모든 꽃과 과일

갖가지 약초와

세상에 있는 모든 귀한 보석과

또 세상의 맑고 향기로운 청정수

죄업참회품 03

보석으로 장식된 수미산과 같이

숲으로 에워싼 고요하고 아름다운 대지와

늘 푸르며 꽃으로 장식된

가지마다 미묘한 열매가 달린 나무들

죄업참회품
04

천상계의 꽃다운 향기,
향과 여의수와 보배로운 나무들
연꽃이 만발한 호수와 연못에
백조의 아름다운 소리가 있고

죄업참회품
05

전설 속에 익어 가는 풍요로운 곡식과
또 다른 공양 올릴 만한 장식품과
허공계 끝까지 가득 채울
주인 없는 모든 것

죄업참회품
06

저는 마음으로 이 모든 것을 관하여

수승한 부처님과 보살님들께

헌공하옵니다.

성스러운 복전의 자비하신 분들께서는

저를 어여삐 여기시어

이 모든 것을 받아 주소서.

죄업참회품
07

저는 복덕이 없고 가난합니다.
공양 올릴 만한 어떤 재물도
가진 것이 없습니다.
그러나 당신은
이타행만 생각하시는 보호자이시니
당신의 위신력으로
저의 이 모든 것을 받아 주소서.

죄업참회품
08

저는 부처님과 보살님들께
내 온몸을 영원히 올립니다.
유정 중에 최고의 영웅이시여,
저를 받아 주소서.
공경하는 당신의 백성으로
귀의하게 하소서.

죄업참회품 09

저는 당신께서 완전히 지켜 주신다면
윤회계에서 중생을 위해
두려움 없이 노력하고
전에 지은 악업을 완전히 넘어서
다시는 다른 죄악을 짓지 않겠습니다.

죄업참회품
10

깨끗한 방에 미묘한 향기 가득하고

유리로 덮인 대지가

빛나고 번쩍이는 것과 같이

보석으로 빛나는 찬란한 기둥과

진주로 수놓아 아롱거리는

청정을 갖춘 곳에서

부처님과 보살님들께

수많은 보병에 향수를 가득 채워

노래와 음식과 함께

목욕시켜 드리기를 원하옵니다.

죄업참회품
12

비할 수 없이 좋은 천
깨끗하고 향이 스민 수건으로
당신들의 몸을 닦아 드리리다.
그리고 거룩한 이들께 어울리는
아주 좋은 향기가 스민 옷을 올리오리다.

죄업참회품
13

아름답고 얇고 부드러운 옷가지와
진귀한 보석이 박힌 수많은 장신구로
거룩한 보현보살 문수보살
관세음보살도 함께 장식하오리다.

삼천대천세계에 향기가 배게 하는
가장 좋은 향료로 모든 부처님의 몸을
정제한 황금으로 닦아 내듯이
빛나는 그것들을 바르오리다.

죄업참회품
15

공양처 중의 공양처이신 고귀한 부처님께
아름다운 만다라꽃과 연꽃
우담바라꽃 등 향기로운 모든 것과
그윽하고 아름다운 꽃타래로
공양을 올립니다.

죄업참회품
16

마음을 앗아 가는 최고의 향이 가득한

향기로운 구름 또한 올리며

드시고 마시는 여러 가지

천상의 맛있는 음식도

당신께 공양 올리오리다.

죄업참회품
17

황금빛 연꽃 봉오리를 차례로 엮고
가없는 보석의 등불도 올리오리다.
대지를 고르고 향으로 발라서
거기에 향기로운 꽃잎을 흩어 뿌리오리다.

죄업참회품
18

흥겨운 찬탄가가 맴도는 무량궁에는
귀한 진주 보석이 아롱거리며 빛나고
무한한 허공을 모두 장엄하여 이 또한
대자비의 근본이신 당신께 올리오리다.

죄업참회품
19

황금의 손잡이를 가진
아름다운 보배 우산은
둘레를 여러 장식으로 멋지게 치장하여
우아한 모양으로 보기 좋게 들고서
항상 모든 부처님께 올리고자 합니다.

죄업참회품
20

그와 다른 것 또한 공양을 올리니
청아한 소리를 내는 악기와 함께
중생의 고통을 가시어 주는
구름이 처처에 머무르게 하소서.

죄업참회품
21

모든 고귀한 법보와

불탑과 불상에

보배로운 꽃 등의 비가

끊임없이 내리게 하소서.

죄업참회품
22

문수보살과 여러 보살이
모든 부처님께 행하신 대로
저도 그와 똑같이
모든 여래와 보살님들께 공양 올립니다.

죄업참회품
23

저는 여러 가지 음성과 곡조로
공덕의 바다이신 부처님을 찬탄합니다.
감미로운 찬탄의 구름이 당신들께
여실히 모두 나타나게 하소서.

죄업참회품
24

시방 삼세의 모든 부처님과

법과 거룩한 무리들에게

우주의 먼지만큼 수많은

몸을 나투어 제가 절 올립니다.

죄업참회품
25

보리심의 터전과
불탑에 절 올리며
대덕의 큰 스승과
수승한 수행자들께 절 올립니다.

죄업참회품
26

정수의 깨달음을 이룰 때까지
부처님께 귀의합니다.
정법과 보살님의 무리에게도
그와 똑같이 귀의합니다.

죄업참회품
27

시방의 모든 곳에 머무시는
완전한 부처님과 보살들
큰 자비 지니신 모든 분께
저는 두 손 모아 청하옵니다.

죄업참회품
28

시작도 끝도 없는 윤회 속에서
금생과 또 다른 생에서
내가 모르고 지은 허물과
시켜서 짓게 한 죄악

죄업참회품
29

무명의 어리석음으로 저를 누르고

부화뇌동하여 저지른

이런 허물을 보면서

진심으로 수호자께 참회합니다.

죄업참회품
30

저는 삼보 전에
부모와 스승과 이웃들에게
번뇌의 문인 몸과 말과
마음으로 저지른 모든 악행

죄업참회품 31

수많은 잘못으로 허물이 생겨

악해진 제가 범한 잘못들이

너무나 참기 힘드니

모두를 이끄시는 분들께 참회합니다.

죄업참회품
32

제가 지은 죄악을 씻기도 전에
먼저 죽음으로 끝나 버릴지도 모릅니다.
이에서 벗어날 때까지
속히 저를 구원해 주시옵소서.

죄업참회품
33

믿을 수 없는 이 저승사자는
우리 일을 다 했건 못했건 간에
내가 병들었거나 병들지 않았거나
예고 없이 찾아드니 믿을 수가 없습니다.

죄업참회품
34

모든 것을 버리고 홀로 떠나야 하는데
제가 이전에 이것을 알지 못하여
좋아하는 사람이나 미운 사람 때문에
여러 죄를 지었습니다.

죄업참회품
35

세월이 흐르면 미운 사람도 사라질 것이요
좋아하는 사람도 사라질 것입니다.
나도 또한 사라질 것이니
이와 같이 모든 것이 없어질 것입니다.

죄업참회품
36

꿈을 꾼 것이나 다름없이
내가 좋아했고, 쓰던 물건 어떤 것들도
기억으로만 남을진대
지나간 모든 것은 다시 볼 수 없게 됩니다.

죄업참회품
37

이 짧은 삶에서 또한
좋아했고 미워했던
많은 사람들이 죽어 갔고
그들 때문에 저지른
없앨 수 없는 죄악만이
사라지지 않고 앞에 남아 있습니다.

죄업참회품
38

이같이 이 삶은 짧고
갑자기 언제 죽을지도
제가 알아차리지 못하고
무명과 집착과 화냄으로써
많은 죄악만 저질렀습니다.

죄업참회품
39

낮과 밤은 머물러 있지 않고
이 목숨은 항상 줄어만 가며
결코 늘어나거나 길어지지 않으니
어찌 죽음이 오지 않겠습니까?

제가 침상에 눕게 되면
친구와 친척들에게 둘러싸여 있을지라도
숨이 끊어질 때의 느낌은
저 혼자만이 겪어야 합니다.

죄업참회품
41

저승사자에게 붙잡혔을 때
친척이나 친구가 무슨 도움이 되오리까?
그때는 공덕만이 저를 지켜 줄 것인데
저는 이 역시도 쌓지 못하였습니다.

죄업참회품
42

보호자이신 부처님이시여!
방일한 저는
이런 공포를 알아차리지 못하고
이 무상한 삶만을 위하여
수많은 악행을 저질렀습니다.

죄업참회품
43

누구든 손발이 잘릴 곳으로
오늘 끌려가게 되면 두려움에 떨고
입은 마르고 눈은 캄캄해지는 등
그의 꼴은 완전히 변하고 마는데

죄업참회품
44

하물며 무서운 저승사자인
채찍을 든 이에게 붙잡혔을 때
큰 공포에 사로잡힌 처절하고 불쌍한 꼴은
말해 무엇하겠습니까?

입보리행론 필사집

죄업참회품
45

누가 이 무서운 공포에서
저를 온전히 구해 주겠습니까?
놀란 눈을 부릅뜨고
사방을 둘러보며 도움을 구해 보지만

죄업참회품
46

천지사방에
저를 보호해 줄 이 없음을 보고 나면
저는 완전히 처참해질 것입니다.
그곳에서 구원을 찾지 못하면
그때 저는 무엇을 할 수 있겠습니까?

죄업참회품
47

그러므로 저는
세상을 보호하려고 애쓰시며
큰 위신력으로 모든 두려움을 없애 주시는
중생의 보호자이신 부처님께
오늘부터 진정으로 귀의합니다.

죄업참회품
48

윤회의 두려움을 없애 주시는 이들이
성취하신 법과
보살의 성스러운 무리께도
이와 같이 저는 진심으로 귀의합니다.

저는 두려움에 떨면서

보현보살께 자신을 바칩니다.

문수보살께도 또한

저의 이 몸을 올리옵니다.

죄업참회품
50

오류 없이 자비를 행하시는

구원의 관세음보살께도

가련한 울부짖음으로 외치나니

죄 많은 저를 보호해 주시옵기를

기원합니다.

> 죄업참회품
> 51

수승한 허공장보살과

지장보살께

그리고 모든 큰 자비를 지닌 무리께

간절한 마음으로 구원을 부르짖습니다.

죄업참회품
52

누구나 보기만 해도 무서워하는
염라왕의 사자와 지옥의 옥졸 등이
두려워하며 사방으로 줄달음치는
금강지보살께도 귀의합니다.

죄업참회품
53

이전에는 당신의 말씀을 어겼습니다.
그러나 지금은 이 큰 두려움을 보았으니
당신께 귀의합니다.
속히 이 두려움 없애 주시기를
기원합니다.

죄업참회품
54

하찮은 질병에도 겁을 먹고
의원의 말대로 따라야 하는데
하물며 탐욕과 같은 수많은 허물의 질병을
끊임없이 심고 있으니
말해 무엇하겠습니까?

한 가지 죄악만으로도
세상 사람 모두 쓸어 간다면
이것을 치료할 약은
세상천지 어디에서도 얻지 못하나니

죄업참회품
56

이에 모든 것을 잘 아는 의원이 있어
일체 아픔을 없애 준다고 해도
의원의 말대로 행하지 않는다면
지극히 어리석고 부족한 사람입니다.

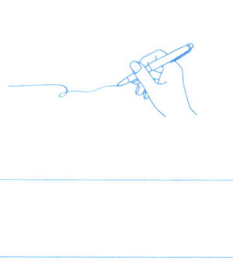

죄업참회품
57

조그만 낭떠러지일지라도
조심스러운 행이 필요한데
하물며 천 길의 긴 낭떠러지는
말해 무엇하겠습니까?

죄업참회품
58

설령 오늘 당장 죽지 않는다고 해서
편하게 지낸다는 것은 당치 않습니다.
제가 분명 죽어야 하는 그 순간은
틀림없이 올 것입니다.

누가 나의 두려움을 없애 줄 수 있으랴!
이곳에서 어떻게 확실하게
벗어날 수 있으랴!
끝내 소멸하고 말 것인데
어찌 내 마음이 편하겠는가!

죄업참회품
60

지난날 즐겼던 향락 중에
지금 나에게 남은 것은 무엇인가?
나는 덧없는 것들을 크게 탐하여
스승의 말씀을 어겼으니

죄업참회품
61

이렇게 삶을 낭비한 것처럼

친척과 친구를 버리고

나 홀로 알지도 못하는 곳으로

가야만 하나니

친구와 원수,

모두 무슨 소용이 있단 말인가!

죄업참회품
62

선하지 않은 데서 고통이 생기나니
여기서 어떻게 확실히 벗어나야 하는지
밤낮으로 저는
오직 이것만을 생각함이 마땅합니다.

죄업참회품 63

저의 알지 못한 무명으로
성죄*와
차죄**를
저지른 여러 가지 잘못을

* 살생, 도둑, 사음 등의 본질적인 죄악 행위 등을 말한다.
** 음주, 가무 등으로 계율을 어기며 죄를 짓는 것을 말한다.

죄업참회품
64

부처님 앞에 나아가 합장하고
고통을 두려워하는 마음으로
거듭 절을 하면서
이 모든 것을 참회합니다.

죄업참회품
65

중생을 이끌어 주시는 이여,
저의 죄와 잘못을 어여삐 받아 주소서.
이렇게 선하지 않기에
저는 앞으로 다시는 저지르지 않겠나이다.

『입보리행론』 제3장 보리심 전지품은
깨달음을 향한 이타적인 마음,
곧 보리심을 일으키고 지켜 가는 길을 따뜻하게 안내합니다.
모든 존재가 고통에서 벗어나기를 바라는 마음으로,
중생의 괴로움을 덜고 안락을 나누려는 다짐이 담겨 있습니다.
타인의 선행을 기쁘게 바라보고 함께 공덕을 쌓는
넉넉한 마음가짐의 소중함도 일깨워 줍니다.
보리심을 삶의 중심에 두고, 그 마음을 오래도록 간직하며
실천해 가시길 권합니다.

— 제3장 —
보리심 전지품

삼악도에 빠진 일체 유정의 고통

그것을 쉬게 하는 모든 선행과

고통에 시달리는 모든 이의 안락처에

기쁨으로 함께합니다.

보리심 전지품
02

깨달음의 씨앗인 선업을 쌓는 그곳에
기쁨으로 함께합니다.
몸 가진 윤회의 고통에서
완전히 벗어나는 것에
기쁨으로 함께합니다.

보리심 전지품
03

보호해 주시는 분들의 깨달음과
보살들의 경지에도
기쁨으로 함께합니다.

보리심 전지품
04

모든 중생에게 안락을 주는

발심 선법의 바다와

중생을 이롭게 하심에

기쁨으로 함께합니다.

입보리행론 필사집

보리심 전지품 05

시방의 부처님께
두 손 모아 바라오니
어둠 속을 헤매는 중생 앞에
법의 등불을 밝혀 주시길 비옵니다.

보리심 전지품
06

열반에 드시려는 부처님께

두 손 모아 간구하오니

이 눈먼 중생을 그대로 남겨 두지 마시고

영겁토록 머무시길 비옵니다.

보리심 전지품
07

이와 같이 행한 모든 것에서
제가 쌓은 모든 공덕
이것으로 일체중생의 모든 고통이
완전히 가셔지기를 비옵니다.

이 세상의 중생에게 병이 있는 한
병에서 완전히 나을 때까지
저는 약과 의사와
그들의 간병자로 남기를 바라옵니다.

먹을 것과 마실 것의 비가 되어
굶주리고 목마른 자의 고통을 없애 주며
길고 긴 기근의 시절에도
제가 중생의 먹고 마실 것이 되게 하소서.

보리심 전지품
10

절망하고 가난한 중생에게
제가 다함없는 재물이 되고
그들에게 필요한 여러 가지 도구가 되어
그들 곁에 항상 머물게 하소서.

보리심 전지품
11

나의 몸과 써야 할 모든 것과
삼세에 쌓아 올린 모든 선업까지도
모든 중생의 성취를 위해서라면
아낌없이 모두 다 주겠나이다.

보리심 전지품
12

모든 것을 버려야 고통을 넘어서게 되고
내 마음도 고통이 없는 경지를
이루게 됩니다.
모든 것을 포기함과 동시에
그것을 중생들에게 베푸는 것이
가장 좋은 일입니다.

보리심 전지품
13

저는 이 몸 전체를
중생이 바라는 대로 맡기렵니다.
항상 죽이고 욕하고 때리는 등
무엇을 하더라도
그대로 받아들이겠나이다.

보리심 전지품
14

내 몸을 가지고 장난질하며
꾸짖고 비웃는 재료로 쓸지라도
이미 이 몸은 그들에게 준 것이니
이를 아낀들 무슨 소용이 있겠습니까?

보리심 전지품
15

그들에게 해를 끼치는 일이 아니라면
어떤 일이라도 하겠나이다.
내가 언제라도 기쁨이 될지언정
의미 없는 일이 되지 않게 하여 주소서.

보리심 전지품
16

나로 인해 어느 누구라도

화를 내거나 믿는 마음이 생겨난다면

그 자체가 항상

그들에게 이익이 되는

원인이 되게 하소서.

보리심 전지품
17

모두가 나를 나쁘게 말하고
다른 이가 나를 해롭게 하며
그처럼 조롱해도 좋습니다.
이 모든 것이 깨달음을 이루는
인연이 되게 하소서.

보리심 전지품
18

저를 의지할 곳 없는 이의 의지처가 되고
길 가는 이의 안내자 되며
물을 건너는 사람의 배가 되고
뗏목이나 다리가 되게 하소서.

보리심 전지품
19

저는 섬을 찾는 이에게 섬이 되고
등불을 구하는 이에게는 등불이 되며
침구를 원하는 자에게 침구가 되고
종을 구하는 모든 이의
종이 되고자 합니다.

보리심 전지품 20

여의주나 행운의 보병이 되며
진언이나 효험 있는 약이 되고
모든 이의 여의수가 되며
몸을 가진 모든 이가 원하는 것을
주겠나이다.

보리심 전지품
21

대지 등의 원소가 되며
허공과도 같이 항상하고
무량의 중생에게
그들 삶을 위한
갖가지 바탕이 되게 하소서.

보리심 전지품
22

허공 끝에 이를 때까지
갖가지 모든 중생계에도
그들 모두가 열반에 이를 때까지
제가 그들 삶의 근원이 되게 하소서.

입보리행론 필사집

초판 1쇄 발행   2025년 8월 1일

지은이   샨띠데바
옮긴이   청전
펴낸이   오세룡
펴낸곳   담앤북스
주소   서울특별시 종로구 새문안로3길 23 경희궁의아침 4단지 805호
대표전화 02-765-1251(영업부) 02-765-1250(편집부)
전송   02-764-1251
전자우편 dhamenbooks@naver.com

출판등록 제300-2011-115호
ISBN 979-11-6201-551-3 03220

이 책은 저작권법에 따라 보호받는 저작물이므로 무단 전재와 복제를 금합니다. 이 책 내용의 전부 또는 일부를 이용하려면 반드시 저작권자와 담앤북스의 서면 동의를 받아야 합니다.

정가 14,000원